# Analyse de l'œuvre

Par Natacha Cerf et Pauline Coullet

# Les Mouches

## de Jean-Paul Sartre

lePetitLittéraire.fr

# Rendez-vous sur lepetitlitteraire.fr et découvrez :

Plus de 1200 analyses
Claires et synthétiques
Téléchargeables en 30 secondes
À imprimer chez soi

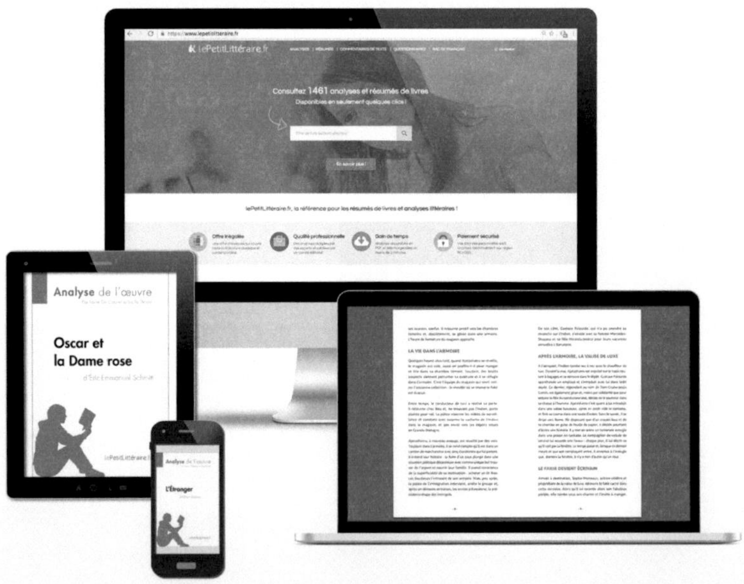

# JEAN-PAUL SARTRE

## ÉCRIVAIN ET INTELLECTUEL FRANÇAIS

- **Né en 1905 à Paris**
- **Décédé en 1980 à Paris**
- **Quelques-unes de ses œuvres :**
  - *La Nausée* (1938), roman
  - *Huis clos* (1944), pièce de théâtre
  - *L'existentialisme est un humanisme* (1946), essai philosophique

Jean-Paul Sartre est un écrivain et un philosophe français, né en 1905 à Paris. Il a grandi dans le milieu bourgeois et cultivé décrit dans *Les Mots*, un récit autobiographique sur sa jeunesse paru en 1964. Il entreprend des études de sciences humaines et passe l'agrégation de philosophie en 1929, époque durant laquelle il rencontre sa future compagne, Simone de Beauvoir (femme de lettres française, 1908-1986). Il devient enseignant en philosophie et, en 1938, publie son roman *La Nausée*, reçu favorablement par la critique.

En 1939, Sartre est mobilisé. Il est fait prisonnier pendant une bataille et, à sa libération, devient résistant. C'est à cette époque qu'il écrit son premier essai philosophique, *L'Être et le Néant* (1943). Vers la fin de la guerre, il rencontre Albert Camus et travaille avec lui pour le journal *Combat*. À côté de cette activité de résistance, il écrit de nombreux textes littéraires dans lesquels il déploie sa philosophie et sa définition de la littérature, allant du roman au théâtre. Ses pièces les plus célèbres sont *Les Mouches* (1943) et *Huis clos*.

Après la Libération, Jean-Paul Sartre crée la revue *Les Temps modernes*. Il connait un énorme succès grâce à ses livres et devient le chef de file du mouvement existentialiste. Au niveau politique, il se rapproche du parti communiste et, pendant la guerre d'Algérie (1954-1962), soutient les indépendantistes du Front de libération nationale (FLN).

En 1964, il refuse le prix Nobel de littérature car, selon lui, « aucun artiste, aucun écrivain, aucun homme ne mérite d'être consacré de son vivant ». Il n'a jamais accepté d'autres prix, car son institutionnalisation aurait été une entrave à sa liberté. Il participe à la révolte étudiante de Mai 68 et meurt en 1980 à Paris.

# *LES MOUCHES*

## UN MYTHE GREC POUR DIRE L'ACTUALITÉ

- **Genre :** pièce de théâtre (tragédie)
- **Édition de référence :** *Huis clos* suivi de *Les Mouches*, Paris, Gallimard, coll. « Folio », 1947, 256 p.
- **1re édition :** 1943
- **Thématiques :** liberté, remords, meurtre, sacrifice, famille, culpabilité

Tragédie en trois actes, la pièce *Les Mouches* est publiée en 1943, alors que la Seconde Guerre mondiale (1939-1945) fait rage. Elle reprend le mythe grec antique des Atrides. Elle s'ouvre sur le retour d'Oreste dans sa ville natale, Argos. Quinze ans plus tôt, sa mère, Clytemnestre, et son amant, Égisthe, ont assassiné son père, Agamemnon. Le remords éternel du peuple, qui n'a pas essayé d'empêcher ce meurtre, est symbolisé par la présence de mouches envoyées par Jupiter dans la ville, qui n'est plus que chaleur et cris d'épouvante. Convaincu par sa sœur Électre, Oreste tue de son épée les meurtriers de leur père. Refusant de se repentir de son acte libre, il se sacrifie pour la paix du peuple d'Argos et quitte la ville, emportant avec lui les mouches.

Développant le thème de la liberté d'action et de choix, cette réécriture du mythe antique des Atrides fait référence à la France sous l'Occupation.

# RÉSUMÉ

## LE SYMBOLE DE LA CULPABILITÉ

Clytemnestre, la mère d'Oreste, et son amant Égisthe, le roi actuel d'Argos, ont assassiné le père d'Oreste, Agamemnon. En représailles, les dieux ont envoyé des mouches sur la ville, symbole de la culpabilité éternelle du peuple qui, voulant jouir du spectacle de la mort, n'a pas prévenu Agamemnon du danger lorsqu'il a senti que quelque chose de néfaste allait se produire.

Égisthe ordonne que l'on tue le jeune Oreste, mais ses meurtriers, pris de pitié, l'abandonnent en forêt, où il est recueilli. Il grandit loin de sa sœur, restée à Argos. Quinze ans plus tard, alors qu'Oreste revient dans son pays natal, des millions de mouches l'accueillent. Il constate que Jupiter, le dieu des mouches et de la mort, se réjouit du repentir de la foule :

> « Vraiment ? Des murs barbouillés de sang, des millions de mouches, une odeur de boucherie, des larves terrorisées qui se frappent la poitrine au fond de leurs maisons – et ces cris, ces cris insupportables : est-ce là ce qui plaît à Jupiter ? » (p. 114)

Électre, la sœur d'Oreste, s'approche de la statue de Jupiter pour lui faire une offrande composée de pourriture et de cendre. Elle lui crache dessus et lui reproche d'aimer tant le parfum de la mort. Oreste, qui veut rester anonyme puisqu'on le croit mort, se présente alors à elle sous le nom de Philèbe et fait la connaissance de sa sœur. Celle-ci lui conte sa vie : elle est devenue, à la mort de son père, esclave au service de sa mère, la reine, et du roi. Jupiter propose à Oreste d'être son valet et de l'accompagner dans Argos.

## LA CÉRÉMONIE

Clytemnestre demande à sa fille de se préparer pour l'anniversaire de la mort d'Agamemnon, cérémonie durant laquelle les soldats doivent ouvrir la caverne qui communique avec les morts en déplaçant l'imposante pierre qui la bloque, permettant ainsi aux défunts de remonter des Enfers pour rejoindre la ville. Chacun doit vivre, le temps d'une journée, hanté par ses morts.

Les citoyens d'Argos, au teint pâle et aux yeux creux, sont réunis et attendent dans la souffrance le début de la cérémonie. Ils doivent se confronter, comme chaque année, aux défunts, et confesser leurs péchés. Chacun y va de sa lamentation :

> « Je pue ! Je suis une charogne immonde. Voyez, les mouches sont sur moi comme des corbeaux ! Piquez, creusez, forez, mouches vengeresses, fouillez ma chair jusqu'à mon cœur ordurier. J'ai péché, j'ai cent mille fois péché, je suis un égout, une fosse d'aisance... » (p. 152)

Le grand prêtre invite les morts infortunés (les maris cocufiés, les mères abandonnées et les miséreux) à assouvir leur haine sur les vivants.

Électre, prenant ses distances avec ce rituel macabre, apparait en robe blanche sur les marches du temple. Sa tenue est une offense pour le peuple endeuillé, mais elle ne comprend pas pourquoi elle devrait pleurer :

> « Je ris, c'est vrai, je suis heureuse. Prétendez-vous que mon bonheur ne réjouit pas le cœur de mon père ? Ah ! s'il est là, s'il voit sa fille en robe blanche, sa fille que vous avez réduite au rang abject d'esclave, s'il voit qu'elle porte le front haut et que le malheur n'a pas abattu sa fierté, il ne songe pas, j'en suis sûre, à me maudire [...]. » (p. 161)

La jeune femme fait ainsi prendre conscience aux hommes qu'ils sont leur propre bourreau. Elle se met à danser, invitant les morts à l'attaquer s'ils ne sont pas d'accord, mais rien ne vient l'interrompre. Jupiter, craignant qu'elle n'influence le peuple, fait rouler l'imposante pierre qui obstruait l'entrée de la caverne sur les marches du temple : les habitants s'imaginent alors que les morts se vengent, et voient les mouches foncer sur eux. Persuadé d'être maudit, chacun retombe dans sa pénitence. Électre, quant à elle, est condamnée par le roi à quitter la ville, pieds nus et sans bagage.

## LE PROJET D'ORESTE ET D'ÉLECTRE

Oreste révèle sa vraie identité à Électre. Il n'est pas le frère soldat rongé par la colère et la souffrance qu'elle avait imaginé, et qui aurait réalisé les rêves de sa sœur : assassiner le roi et la reine. Au contraire, le vrai Oreste se décrit comme « las de tout ce sang, ayant grandi dans une ville heureuse » (p. 172). Il ne partage pas ses souvenirs ni sa haine. Elle ne le considère donc pas comme appartenant à la race des Atrides, famille maudite emprisonnée dans le cycle de la vengeance, et le rejette. Face à la réaction de sa sœur, Oreste perd la douceur de ses yeux et décide d'assassiner le couple royal, comme elle le désire, pour venger la mort d'Agamemnon.

Jupiter prévient alors le roi qu'Oreste a pour dessein de le tuer. S'il avait permis jadis le meurtre d'Agamemnon, parce que son assassinat a plongé tout un peuple dans le repentir, il refuse celui d'Égisthe car il ne suscitera aucun remords dans le chef d'Oreste. Le dieu apprend à Égisthe que si les hommes venaient à prendre conscience de leur liberté, rois et dieux perdraient tout pouvoir ; c'est pourquoi Oreste, qui se sait libre, est dangereux.

Électre et Oreste se cachent dans le palais où ils entendent Égisthe parler de son absence de remords. Les fables qu'il a inventées pour asservir le peuple lui laissent l'âme noire :

> « [...] ceux qui m'aperçoivent se sentent coupables jusqu'aux moelles. Mais je suis une coque vide : une bête m'a mangé le dedans sans que je m'en aperçoive [...]. Ai-je dit que j'étais triste ? J'ai menti. » (p. 190)

Voyant l'occasion de passer à l'action, Oreste frappe Égisthe et Clytemnestre de son épée. Sa sœur et lui se réfugient ensuite dans le temple d'Apollon. Les mouches sont de plus en plus présentes, à tel point qu'elles se transforment et prennent littéralement forme humaine : on reconnait les Érinnyes (déesses grecques de la vengeance) ainsi que les déesses du remords. Elles se rassemblent autour d'eux, savourant la joie d'être proches de détruire ce qui est beau, c'est-à-dire les deux jeunes gens.

## LA LIBERTÉ SYNONYME D'EXIL

La liberté d'Oreste est un exil puisqu'il est le seul à l'assumer : il est la brebis galeuse de tout un troupeau soumis et esclave. Il est heureux de n'avoir d'autre loi que la sienne et veut ouvrir les yeux à son peuple.

Le jeune homme ne regrette rien, pas même l'état moribond de sa sœur suscité par ses remords. Il sait qu'elle seule peut se délivrer et que sa souffrance vient d'elle-même : elle est libre d'assumer l'acte qu'elle a désiré. Plus tard, Électre sort du temple, décidée à consacrer sa vie entière à l'expiation. Le pédagogue avertit Oreste que tout le peuple d'Argos est là, prêt à le lapider.

Oreste s'adresse alors à la foule et lui révèle qu'il est le fils d'Agamemnon. Le meurtrier de son père, Égisthe, a été reconnu par les gens du peuple comme un des leurs, car il n'avait pas le courage de ses actes. « Un crime que son auteur ne peut supporter, ce n'est plus le crime de personne, n'est-ce pas ? C'est presque un accident. » (p. 246) Or Oreste porte son crime avec orgueil et liberté, et l'assume avec joie. C'est pourquoi Argos le rejette : ils ont peur d'Oreste qui revendique son acte meurtrier et qu'ils ne peuvent donc ni condamner ni plaindre. De la même façon qu'ils n'avaient pas compris Électre lorsqu'elle leur disait qu'ils étaient leur propre bourreau, ils ne comprennent pas qu'Oreste puisse se libérer du remords.

Oreste propose alors au peuple de se sacrifier en portant leurs remords et leurs angoisses pour leur offrir la paix. Devenu roi sans terre et sans sujet, il quitte donc la ville, accompagné des Érinnyes de tous les habitants d'Argos.

- 9 -

# ÉTUDE DES PERSONNAGES

## ORESTE

Fils de Clytemnestre et d'Agamemnon, Oreste a beau être né à Argos, il s'y sent comme mort :

> « Qui suis-je et qu'ai-je à donner, moi ? J'existe à peine : de tous les fantômes qui rôdent aujourd'hui par la ville, aucun n'est plus fantôme que moi. J'ai connu des amours de fantôme, hésitants et clairsemés comme des vapeurs ; mais j'ignore les denses passions des vivants. » (p. 174)

Oreste est inconsistant : il n'a vécu ni la haine ni la passion. Dépourvu de souvenirs en lien avec la cité, il aimerait trouver sa place dans l'histoire d'un peuple et se fondre au sein des habitants d'Argos pour échapper au vide intérieur qui l'angoisse :

> « Je veux être un homme de quelque part [...]. Tiens, un esclave, lorsqu'il passe, las et rechigné, portant un lourd fardeau, [...] il est dans sa ville, comme une feuille dans un feuillage [...] je veux être cet esclave Électre, je veux tirer la ville autour de moi et m'y enrouler comme dans une couverture. » (p. 175)

Oreste préfèrerait être un esclave, une chose, plutôt qu'un passant étranger aux autres et à lui-même. C'est pourquoi il décide d'assassiner Égisthe et Clytemnestre, comme le désire sa sœur.

Ce crime le métamorphose. Il découvre que son statut

d'isolé n'est rien d'autre que la conséquence de sa liberté. Il assume pleinement son acte et clame au peuple sa vérité. Il finit par porter à lui seul le fardeau de tout un peuple et s'exile.

## ÉLECTRE

Fille du roi Agamemnon et de Clytemnestre, Électre est la sœur d'Oreste. Réduite en esclavage par sa mère et Égisthe, elle rêve d'un frère qui viendrait la libérer.

Révoltée contre la mascarade mise en place par Égisthe pour soumettre son peuple, elle refuse de se plier à la comédie des lamentations au pied de la statue de Jupiter, de porter des vêtements de deuil et d'être triste. Électre veut danser et être heureuse. Elle souhaite qu'il en soit de même pour les Argiens et tente, lors de la cérémonie, de faire prendre conscience au peuple qu'il est son propre bourreau. Pour la punir, le roi l'envoie en exil, ce qui la remplit de haine.

Électre parvient à insinuer sa haine pour le couple royal chez son frère, qui exaucera ses vœux et assassinera Égisthe et Clytemnestre. Cependant, dès qu'elle pose ses yeux sur le cadavre d'Égisthe, Électre regrette aussitôt le meurtre. Elle se sent profondément coupable et en proie à une grande souffrance morale, car sa haine s'est envolée une fois l'acte accompli. Électre est gouvernée par l'ambivalence de ses sentiments : elle ne sait plus ce qu'elle a voulu et se rend compte que la haine qu'elle éprouvait à l'égard de sa mère cachait en fait un mélange de fascination et de désir d'amour pour elle. Elle réalise que ses rêves de meurtre tenaient plutôt du fantasme, et qu'elle ne réalisait pas vraiment qu'elle pourrait ôter la vie de sa mère et du roi. Incapable d'assumer l'acte qu'elle a souhaité, Électre reste esclave en se livrant à Jupiter.

## JUPITER

Dieu des mouches et de la mort, il a envoyé les Érinnyes, les déesses du remords incarnées en mouches, sur la ville d'Argos afin de tourmenter les Argiens et de les soumettre. Dieu omniscient, il connait d'emblée la véritable identité d'Oreste, intervient lors de la cérémonie des morts en empêchant Électre de convaincre le peuple de se libérer du joug du deuil éternel et soumet à plusieurs reprises les personnages à sa volonté.

Pourtant, Jupiter possède aussi des caractéristiques humaines. Il joue le rôle de valet pour Oreste, pendant la cérémonie des morts, qui le traite comme tel, et lui propose de le guider dans la ville et de le conseiller. Le personnage de Jupiter est loin de revêtir les traits d'un dieu terrible. Aussi, seul et fatigué devant la liberté et les responsabilités qu'elle implique, Jupiter s'avère être très proche des hommes. Pour conserver un statut de tyran, il tente de faire oublier à ces derniers qu'il les a créés libres.

## ÉGISTHE ET CLYTEMNESTRE

Clytemnestre, la reine, et son amant, Égisthe, devenu roi d'Argos, ont tué Agamemnon. Depuis, ils imposent à leur peuple un devoir de culpabilité et un deuil permanent : le peuple, rongé par le remords et la peur des défunts, est incapable de se rebeller contre le pouvoir qu'ils ont sur lui. Ils poussent le peuple à se repentir pour un crime qu'ils ont eux-mêmes commis.

Homme avide de pouvoir, Égisthe finit par découvrir que l'autorité le vide de l'intérieur. Il n'est plus rien d'autre que l'image qu'il donne de lui-même, un pantin à la personnalité pillée par le théâtre du pouvoir. Obligé de jouer un rôle, il n'est plus capable d'éprouver de véritables sentiments :

> « Depuis que je règne, tous mes actes et toutes mes paroles visent à composer mon image ; [...] Mais c'est moi qui suis ma première victime : je ne me vois plus que comme ils me voient, je me penche sur le puits béant de leurs âmes, et mon image est là, tout au fond, elle me répugne et me fascine. Dieu tout-puissant, qui suis-je, sinon la peur que les autres ont de moi ? » (p. 199)

Las, il refuse d'empêcher Oreste de l'assassiner.

Clytemnestre est pareillement emprisonnée dans l'image qu'elle donne aux autres d'elle-même : l'image d'une reine rongée par le remords. Pratiquant sans cesse la confession publique, elle se dépersonnalise et se réduit à sa mauvaise conscience. Clytemnestre et Égisthe sont deux personnages secondaires dans la pièce (on les voit bien moins qu'Oreste et Électre) et « inauthentiques » : ils n'éprouvent plus de véritables sentiments et n'agissent pas par eux-mêmes, mais sont manipulés par Jupiter.

# CLÉS DE LECTURE

## LE CONTEXTE POLITIQUE

Sartre écrit sa pièce pendant l'Occupation, après la défaite des Français face aux Allemands. La France rentre alors dans une période sombre, suite à la signature de l'Armistice le 22 juin 1940 entre l'Allemagne victorieuse et la France défaite. Ces quatre années d'occupation sont en effet placées sous le sceau du repentir : le maréchal Pétain (1856-1951) encourage son pays au remords et au *mea-culpa*, et appelle les Français à leur devoir de collaboration avec le Troisième Reich. Sartre perçoit ce discours comme une propagande : le Gouvernement de Vichy dénonce la culpabilité de son peuple et les soumet à la domination allemande, récusant toute tentative de résistance.

Les Français devaient en effet payer pour la décadence et l'immoralité de leur pays. Pétain accusait la Troisième République et le Front populaire de s'être soumis au communisme et à la « finance juive », ce qui leur a fait perdre la guerre. Il prône un retour à la morale en exigeant que la France reconnaisse ses fautes et s'en repentisse. Il y a donc un parallèle à établir entre les discours de Pétain et la volonté d'Égisthe d'accabler son peuple par l'organisation d'un culte des remords. Pétain parlait comme Égisthe lorsqu'il disait dans son discours du 17 juin 1940 : « Vous souffrez et vous souffrirez longtemps encore, car nous n'avons pas fini de payer toutes nos fautes. » Sartre se moque ouvertement de cette obsession en la poussant à son paroxysme :

<blockquote>
« Ah ! je me repens, seigneur, si vous saviez comme je me repens, et ma fille aussi se repent, et mon gendre sacrifie une vache tous les ans, et mon petit-fils, qui va sur ses sept ans, nous l'avons élevé dans la repentance : il est sage comme une image, tout blond et déjà pénétré par le sentiment de sa faute originelle » (p. 115)
</blockquote>

La politique du repentir est mise en place sous Vichy pour mieux contrôler la population et instaurer un nouvel ordre moral. En effet, Pétain redonne son importance à l'Église, dévalorisée depuis la Révolution française, afin de redresser la France. De la même façon, Jupiter et les Érinyes sont des métaphores de l'omniprésence divine qui règne sur Argos, et sont dévalorisés par Sartre qui fait de Jupiter un prestidigitateur (il fait disparaitre quelques mouches devant Oreste) et des Érinyes des insectes. La cérémonie de la fête des morts dénonce l'oppression de la religion, qu'Oreste rejettera en asseyant sa liberté.

Sartre veut donc mettre en garde les Français contre le discours manipulateur de Vichy, mais aussi leur faire prendre conscience de leur liberté. Électre exhorte les habitants d'Argos à ne pas être leur propre bourreau en refusant le remords. De la même façon, Oreste choisit d'être libre en assumant son crime comme acte de liberté.

Le théâtre de l'époque était, bien entendu, soumis à la censure : il devait promouvoir l'idéologie nazie, et toute pièce appelant à la résistance était sévèrement condamnée. Cependant, Sartre a pu obtenir un visa pour faire jouer sa pièce : en recouvrant son message politique du voile antique, grâce au mythe des Atrides, il a réussi à passer entre les mailles du filet de la censure. Si le public avisé des intellectuels a entendu son appel, la presse et le Gouvernement ne semblent pas avoir saisi la double signification de l'œuvre.

## À L'ORIGINE DE LA PIÈCE

Sartre reprend, dans sa pièce, le mythe des Atrides, suivant la tendance du début du XXᵉ siècle qui remet à l'honneur les tragédies grecques : *La Machine infernale* (1932) de Jean Cocteau (poète, dramaturge et cinéaste français, 1889-1963), *La guerre de Troie n'aura pas lieu* (1935) et *Électre* (1937) de Jean Giraudoux (écrivain et diplomate français, 1882-1944), *Antigone* (1944) de Jean Anouilh (écrivain et dramaturge français, 1910-1987), etc. Les auteurs ont en effet voulu moderniser les histoires des grands héros mythologiques en les adaptant aux préoccupations de leur siècle.

### LE MYTHE DES ATRIDES

Les Atrides sont les membres d'une famille maudite par les dieux, descendants d'Atrée. Leur destin est marqué par le meurtre, le parricide, le matricide, l'infanticide et l'inceste. Agamemnon, l'un des trois fils d'Atrée, a épousé Clytemnestre. Afin de conquérir la ville de Troie, il a sacrifié sa fille ainée, Iphigénie, pour apaiser la colère de la déesse Artémis. Lorsqu'il rentre du combat, il est assassiné par Égisthe, l'amant de Clytemnestre. Oreste, le fils d'Agamemnon et de Clytemnestre, est tout juste enfant et est alors confié à un oncle en Phocide. Sa sœur Électre reste auprès de sa mère et du nouveau roi. Une fois adulte, Oreste revient à Argos afin d'exécuter l'oracle d'Apollon, qui est de venger son père en tuant ses meurtriers. Ce crime réveille la vengeance des Érinnyes, des divinités persécutrices qui viennent tourmenter Oreste. La ville d'Argos est détruite, et Oreste erre jusqu'à Delphes où il est purifié. Il est présenté devant le tribunal où il est jugé par Athéna, qui lui donne raison. Il est alors acquitté de son crime. Les Érinnyes deviennent les Euménides, ce qui signifie « les Bienveillantes ». La malédiction qui pèse sur les Atrides est levée.

On retrouve, entre autres, la retranscription de ce mythe chez Eschyle (poète tragique grec, 525-456 av. J.-C.), dans sa trilogie dramatique *L'Orestie* (458 av. J.-C.).

Si Sartre reprend la chronologie du mythe avec précision, il s'éloigne cependant de celui-ci sur quelques points :

- **le crime d'Oreste**. Dans le mythe, son destin est tracé : c'est l'oracle d'Apollon qui le conduit au meurtre. Il n'est jamais question de savoir s'il doit commettre ou non ce crime. Chez Sartre, il n'y a plus d'oracle : Oreste tue par vengeance (s'il ne ressentait pas le besoin de se venger, c'est sa rencontre avec Électre qui le fait changer d'avis et le pousse à rétablir la justice). C'est cette liberté d'action que l'auteur veut mettre en avant dans sa pièce. Il s'écarte en cela de ses contemporains, qui ne remettent pas en question la fatalité. La pièce de Cocteau, *La Machine infernale*, exprime parfaitement la perception du tragique à l'époque : une mécanique implacable qui s'impose à un héros incapable d'échapper à la fatalité. Sartre, à l'inverse, fait d'Oreste un héros libre ;

- **les mouches**. Les insectes sont absents du mythe original. Il semble ainsi que l'*Électre* de Giraudoux ait largement inspiré Sartre pour sa pièce. Au début d'*Électre*, le jardinier s'adresse aux Érinnyes, incarnées par des petites filles : « Voulez-vous partir ! Allez-vous nous laisser ! On dirait des mouches. » (acte I, scène I) Chez Sartre, les Érinnyes ne sont pas nommées mais sont incarnées par des mouches. Dans les deux pièces, ces symboles du remords sont de plus en plus présents à mesure que l'histoire avance : « Ce ne sont que des mouches à viande un peu grasses. Il y a quinze ans qu'une puissante odeur de charogne les attira sur la ville. Depuis lors elles engraissent. Dans quinze ans elles auront atteint la taille de petites grenouilles. » (p. 111) En effet, il est dit qu'elles sont de plus en plus folles et oppressantes. Elles finiront par prendre forme et par parler vers la fin de la pièce :

  > « Bzz, bzz, bzz, bzz.
  > Nous nous poserons sur ton cœur pourri comme des mouches sur une tartie,
  > Cœur pourri, cœur saigneux, cœur délectable,
  > Nous butinerons comme des abeilles le pus et la sanie de ton cœur. » (p. 218)

- **le style.** Chez Sartre, l'usage de la langue parlée est très libre. Ainsi, on retrouve des anachronismes, une liberté de ton, etc. : « Voilà mon palais. C'est là que mon père est né. C'est là qu'une putain et son maquereau l'ont assassiné », explique Oreste (p. 200). Mais il n'hésite pas à contrebalancer le langage familier par des tirades plus nobles, comme c'est le cas avec les discours de Clytemnestre :

> « Il a beau jeu de condamner celui qui est jeune et qui n'a pas eu le temps de faire le mal. Mais patience : un jour, tu traîneras après toi un crime irréparable [...] Tu te retourneras et tu le verras derrière toi, hors d'atteinte, sombre et pur comme un cristal noir. » (p. 142)

## LA LIBERTÉ SARTRIENNE

Sartre distingue plusieurs formes de liberté :

- **la liberté du détachement, celle du maitre**. Elle est incarnée par Oreste qui, au début de la pièce, est présenté comme un homme libre grâce à l'enseignement de son tuteur. Cette liberté abstraite est une absence totale d'engagement :

> « Elle est à vous, votre culture [...] Ne vous ai-je pas fait, de bonne heure, lire tous les livres pour vous familiariser avec la diversité des opinions humaines [...] ? À présent vous voilà [...] avisé comme un vieillard, affranchi de toutes les servitudes et de toutes les croyances, sans famille, sans patrie, sans religion, sans métier, libre de tous les engagements et sachant qu'il ne faut jamais s'engager, un homme supérieur enfin [...] ! » (p. 120)

Cependant, ce libre arbitre dont jouit Oreste, cette absence d'engagement ne lui permet pas de savoir ce qu'il doit faire. L'enseignement du pédagogue ne lui a apporté qu'un vide intérieur (elle se définit par l'accumulation du terme « sans », donc littéralement par une absence, une privation), une disponibilité pour rien. C'est pour cela qu'il se sent étranger à Argos, mais aussi à toute chose. Il dit lui-même : « Ah ! comme je suis libre. Et quelle superbe absence qu'est mon âme. » (p. 123) Ce n'est donc pas un bon exemple de liberté.

- **la liberté du consentement systématique aux évènements, celle de l'esclave**. D'importants systèmes philosophiques, tel celui d'Épictète (philosophe grec, vers 50-130), prônent la prise de conscience des déterminismes qui nous conditionnent afin de les accepter en toute sagesse. Ces systèmes célèbrent la liberté absolue de l'homme : il demeure maitre de ses jugements et de ses représentations en dépit de toutes les circonstances extérieures incontrôlables. Sartre perçoit cependant cette approche de la liberté comme une résignation tragique. En effet, l'homme reste peut-être maitre de ses pensées, mais il se conçoit comme totalement esclave des réalités extérieures. La liberté comme l'envisage Épictète est donc, par son caractère extrêmement réduit, sans valeur.

- **la liberté existentielle**. La liberté telle que la conçoit Sartre, c'est le fait de choisir continuellement. Au début de la pièce, Oreste désire être un homme parmi les hommes et ne plus se sentir étranger. Lorsqu'il se décide à commettre le meurtre, il comprend qu'il ne peut échapper à son vide intérieur en trouvant sa place parmi les Argiens. Ce serait illusoire de le penser puisque, comme tout homme, il est étranger aux autres et à lui-même. Il existe car il se choisit continuellement, sa liberté consiste à sans cesse faire des choix et à les assumer :

> « Étranger à moi-même, je sais. Hors nature, contre na-

> ture, sans excuse, sans autre recours qu'en moi [...] je suis
> condamné à n'avoir d'autre loi que la mienne [...]. Je ne peux
> suivre que mon chemin. Car je suis un homme, Jupiter, et
> chaque homme doit inventer son chemin. » (p. 235)

Dans la situation de départ, sa liberté n'était que la manifestation d'un vide intérieur, d'une absence d'âme, à cause de l'éducation de son pédagogue qui prônait le non-engagement. Loin de son tuteur, et grâce au meurtre, sa liberté a pris corps et conquis son poids d'existence.

« L'existence précède l'essence », la célèbre formule de la théorie sartrienne de la liberté, signifie que l'homme existe d'abord et se définit ensuite lui-même, sans l'aide de Dieu, par ses choix et ses actes. Il se fabrique ainsi son histoire et se fait maitre de son destin. Sa responsabilité se révèle dès lors infinie.

## L'EXISTENTIALISME

L'existentialisme est une philosophie qui met en avant l'existence de l'homme.

La philosophie existentialiste est apparue au cours des années trente, influencé notamment par les théories de Kierkegaard (écrivain, théologien et philosophe danois, 1813-1855), le premier à se qualifier d'existentialiste. Celui-ci expliquait que le sens de l'existence se trouve dans la vocation de chaque individu. Chacun doit trouver sa propre vérité. L'existentialisme s'impose au lendemain de la Seconde Guerre mondiale, lorsque la population s'interroge sur l'homme et son destin.

Jean-Paul Sartre est le principal représentant de l'existentialisme en France. Selon lui, « l'existence précède l'essence », c'est-à-dire que l'homme existe, sans raison ; son essence n'est pas déterminée par Dieu. L'homme définit sa propre essence par ses actions, ses choix. C'est donc un être totalement libre, maitre de ses actes et de son destin.

La liberté d'Oreste est donc l'exact opposé de celle des Argiens et d'Électre. Cette dernière considère le meurtre comme un fantasme de petite fille qu'elle n'aurait pas dû réaliser, et interprète donc son geste comme la conséquence du déterminisme (elle est issue d'une famille maudite, les Atrides, qui a commis plusieurs meurtres). Oreste, quant à lui, clame avoir choisi son acte, reste libre et continue à exister en se tournant vers l'avenir. Il se choisit librement, alors qu'Électre retourne sa liberté contre elle-même en se tournant vers le passé et en se réduisant à l'esclavage.

## LE THÉÂTRE DE SITUATIONS

La notion de « situation » est une clé essentielle dans le théâtre de Sartre. Le philosophe rédige, en 1973, l'essai *Un théâtre de situations* dans lequel il explique qu'il veut montrer, dans ses pièces, des situations simples, et des libertés qui se choisissent dans ces situations. Il ne se focalise donc pas sur la psychologie des personnages, mais crée des « situations-limites », afin que la liberté se découvre à son plus haut de degré. En effet, si un homme est confronté à une situation-limite, c'est-à-dire une situation qui l'oblige à agir, il expérimente véritablement sa liberté, car c'est en choisissant continuellement qu'il affirme son existence et sa liberté. Il faut donc montrer au théâtre des situations simples et humaines, pour qu'elles soient communes à tous. Ces situations peuvent être de plusieurs types : conditions matérielles, présence des autres et de leur regard sur nous-mêmes, conditions historiques, etc. Le choix du mythe des Atrides n'est d'ailleurs pas anodin, puisque les mythes sont, par définition, connus de tous et possèdent en eux une puissance allégorique. Selon Sartre, le théâtre doit s'adresser aux masses : il faut « leur parler de leurs préoccupations les plus générales, exprimer leurs inquiétudes sous la forme de mythes que chacun puisse comprendre et ressentir profondément » (*Un théâtre de situations*, Paris, Gallimard, 1992, p. 63). Le mythe permet donc d'utiliser la puissance allégorique d'une situation pour représenter des situations que tout le monde peut ressentir (le Gouvernement Vichy incarné chez Égisthe, par exemple).

Bien que *Les Mouches* ait été publié avant son essai sur le théâtre, on retrouve dans cette pièce les mêmes ingrédients. Oreste est un personnage qui évolue au fil de la pièce en fonction des situations dans lesquelles il se trouve. Il est, au début, indéterminé (il se caractérise par le non-engagement, et donc le non-choix, à cause de son tuteur). Pourtant, loin de l'influence du pédagogue et confronté à des situations-limites, il doit faire des choix. Lorsqu'il rencontre Électre, par exemple, elle est séduite par son charme féminin et « [s]on doux visage de fille » (p. 170). Lorsqu'elle découvre qu'il est son frère, elle est déçue car elle s'imaginait un homme dur et prêt à la venger. Elle le rejette : « Va-t'en chien, va chez les femmes, car tu n'es rien d'autre qu'une femme. » (p. 172) Oreste est alors amené à assumer le rôle violent que sa sœur avait imaginé, et devient beaucoup plus dur.

Oreste est donc l'incarnation du héros libre. Placé dans une situation-limite terrible (la vengeance du crime de son père), il doit faire le choix du meurtre. En assumant pleinement son crime, il existe réellement en tant qu'homme libre. Le rapprochement avec la Seconde Guerre mondiale est à comprendre dans ce sens : Sartre, en effet, pense que cette guerre a été « bonne » puisqu'elle a été le meilleur moyen pour l'homme d'exercer sa liberté. Face à la situation extrême de la guerre, chacun a dû prendre position : collaborer ou résister, activement ou passivement, etc. Il s'agit donc de la situation-limite par excellence.

## LE REMORDS D'UN PEUPLE

Les citoyens d'Argos se présentent comme entièrement déterminés par la culpabilité du meurtre d'Agamemnon. Ils se réduisent à leur faute et ne sont, au présent, que l'expiation de cette erreur passée. Les Argiens refusent par là toute possibilité d'avenir. Par peur de la liberté et de la responsabilité d'assumer leurs actes, ils se réifient. Les citoyens d'Argos envisagent la vie comme un jeu de hasard dont ils ne sont pas responsables. Par conséquent, ils ne sont plus obligés de décider de leurs actes pour leur présent et leur futur. Ils sont comme morts. Sartre qualifie cette attitude de « mauvaise foi », notamment dans son essai *L'Être et le Néant*.

Le remords du peuple est devenu « repentance », une

manière de vivre entièrement réglée par des rituels de pénitence. C'est une véritable démission. Les Argiens ont fait le choix de devenir leurs propres bourreaux. Cette expiation perpétuelle ne signifie pas pour autant qu'ils se reconnaissent responsables de leurs fautes : il s'agit plutôt d'un alibi pour ne plus avoir à décider de leurs actes futurs.

## LE REGARD DE L'AUTRE

Les hommes portent sans cesse leur regard les uns sur les autres. Sartre nous montre les conséquences de ces regards imposés et s'imposant.

Le regard est l'expression la plus visible d'une personnalité, d'une humeur ou d'un caractère. Les personnages de la pièce illustrent parfaitement cet état de fait : Clytemnestre se caractérise par ses « yeux morts » (p. 136) ; le peuple d'Argos, écrasé sous le poids des remords, a les « yeux caves » (p. 152) ; au début de la pièce, Électre a les « yeux pleins de feu » (p. 136), mais, après le meurtre de sa mère, ils sont « morts » (p. 220) comme les yeux de la défunte.

Le regard trahit donc les pensées et les profondeurs de l'âme. Mais, plus encore, il s'impose aux autres. Jupiter tente constamment d'hypnotiser les personnages par son regard. C'est le cas lorsqu'Oreste essaie d'interrompre la cérémonie des morts : « Regarde-moi, jeune homme, regarde-moi en face, là ! là ! Tu as compris. » (p. 155)

Enfin, le regard peut aussi devenir une instance morale qui juge et condamne. Le regard de l'autre devient alors un jugement de valeur intériorisé par les personnages qui, ne parvenant pas à échapper aux yeux qui observent le fond de leur conscience, se condamnent eux-mêmes. Électre en est l'exemple puisqu'après la mort de sa mère, elle croit voir les « millions d'yeux » des mouches qui la blâment.

Dans la pièce de Sartre, le regard est donc au cœur du texte. Les yeux ne permettent pas seulement de voir, ils ont la particularité de devenir un miroir où chaque personnage peut se voir lui-même. Cela engendre un piège dans lequel tombe le personnage qui observe, un piège où, pour reprendre la célèbre affirmation d'Arthur Rimbaud (poète français, 1854-1891), « je est un autre ». Les hommes sont conduits à se conformer à l'image qu'ils captent d'eux-mêmes dans les yeux des autres. Pensons à la prise de conscience d'Égisthe qui se sait esclave de l'image de pouvoir qu'il cherche à imposer aux Argiens. Il est dépersonnalisé et n'est plus rien d'autre que la peur qu'il inspire aux autres. Seul Oreste reste lui-même et ne se laisse pas emprisonner par autrui.

# PISTES DE RÉFLEXION

## QUELQUES QUESTIONS POUR APPROFONDIR SA RÉFLEXION…

- En quoi *Les Mouches* est-il une tragédie ?
- À votre avis, pourquoi Sartre a-t-il choisi les mouches pour symboliser les remords du peuple d'Argos ?
- En quoi l'orientation de la pièce a-t-elle totalement changé par rapport à celle de la tragédie antique, *L'Orestie* d'Eschyle ?
- Électre commet des sacrilèges à plusieurs reprises dans la pièce. Pourtant, elle se situe encore sur le plan religieux. Expliquez.
- Oreste libère doublement le peuple d'Argos. Comment ?
- En quoi *Les Mouches* est-il une illustration de la morale classique de la contagion par l'exemple ?
- La pièce relève du théâtre de situations. Pourquoi ?
- « Jamais nous n'avons été plus libres que sous l'Occupation » a dit Jean-Paul Sartre. Qu'en pensez-vous ?
- Dans *Les Mouches*, Sartre parodie Blaise Pascal (mathématicien, physicien et écrivain français, 1623-1662). Expliquez.
- Quel est le rapport entre cette pièce et l'existentialisme défendu par l'auteur ?

*Votre avis nous intéresse !*
*Laissez un commentaire sur le site de votre librairie en ligne*
*et partagez vos coups de cœur sur les réseaux sociaux !*

# POUR ALLER PLUS LOIN

## ÉDITION DE RÉFÉRENCE


- Sartre J.-P., *Huis clos* suivi de *Les Mouches*, Paris, Gallimard, coll. « Folio », 1947.


## ÉTUDES DE RÉFÉRENCE


- « Existentialisme », in *Encyclopédie Universalis*, consulté le 8 décembre 2016, http://www.universalis.fr/encyclopedie/existentialisme/
- Grégoire V., « L'impact de la repentance vichyssoise dans *Les Mouches* de Sartre et *La Peste* de Camus », in *The French Review*, vol. 77, n° 4, mars 2004.
- Jeannelle J.-L., *Les Mouches*, Nanterre, Paris, Bréal, coll. « Connaissance d'une œuvre », 1998.
- Van den Hoven A., « Forger des mythes : le théâtre de Sartre, un théâtre de situations – *Les Mouches* », in *Loxias*, consulté le 9 décembre 2016, http://revel.unice.fr/loxias/index.html?id=1323


## SUR LEPETITLITTÉRAIRE.FR

- Commentaire portant sur le tableau VI de la scène II des *Mains sales* de Jean-Paul Sartre.
- Fiche de lecture sur *Huis clos* de Jean-Paul Sartre.
- Fiche de lecture sur *Les Mains sales*.
- Fiche de lecture sur *Les Mots* de Jean-Paul Sartre.
- Fiche de lecture sur La Nausée de Jean-Paul Sartre.
- Fiche de lecture sur *L'existentialisme est un humanisme* de

Jean-Paul Sartre.

- Fiche de lecture sur *Qu'est-ce que la littérature ?* de Jean-Paul Sartre.
- Questionnaire de lecture sur *Huis clos*.

**DUMAS**
- Les Trois Mousquetaires

**ÉNARD**
- Parlez-leur de batailles, de rois et d'éléphants

**FERRARI**
- Le Sermon sur la chute de Rome

**FLAUBERT**
- Madame Bovary

**FRANK**
- Journal d'Anne Frank

**FRED VARGAS**
- Pars vite et reviens tard

**GARY**
- La Vie devant soi

**GAUDÉ**
- La Mort du roi Tsongor
- Le Soleil des Scorta

**GAUTIER**
- La Morte amoureuse
- Le Capitaine Fracasse

**GAVALDA**
- 35 kilos d'espoir

**GIDE**
- Les Faux-Monnayeurs

**GIONO**
- Le Grand Troupeau
- Le Hussard sur le toit

**GIRAUDOUX**
- La guerre de Troie n'aura pas lieu

**GOLDING**
- Sa Majesté des Mouches

**GRIMBERT**
- Un secret

**HEMINGWAY**
- Le Vieil Homme et la Mer

**HESSEL**
- Indignez-vous !

**HOMÈRE**
- L'Odyssée

**HUGO**
- Le Dernier Jour d'un condamné
- Les Misérables
- Notre-Dame de Paris

**HUXLEY**
- Le Meilleur des mondes

**IONESCO**
- Rhinocéros
- La Cantatrice chauve

**JARY**
- Ubu roi

**JENNI**
- L'Art français de la guerre

**JOFFO**
- Un sac de billes

**KAFKA**
- La Métamorphose

**KEROUAC**
- Sur la route

**KESSEL**
- Le Lion

**LARSSON**
- Millenium I. Les hommes qui n'aimaient pas les femmes

**LE CLÉZIO**
- Mondo

**LEVI**
- Si c'est un homme

**LEVY**
- Et si c'était vrai…

**MAALOUF**
- Léon l'Africain

**Malraux**
- La Condition humaine

**Marivaux**
- La Double Inconstance
- Le Jeu de l'amour et du hasard

**Martinez**
- Du domaine des murmures

**Maupassant**
- Boule de suif
- Le Horla
- Une vie

**Mauriac**
- Le Nœud de vipères

**Mauriac**
- Le Sagouin

**Mérimée**
- Tamango
- Colomba

**Merle**
- La mort est mon métier

**Molière**
- Le Misanthrope
- L'Avare
- Le Bourgeois gentilhomme

**Montaigne**
- Essais

**Morpurgo**
- Le Roi Arthur

**Musset**
- Lorenzaccio

**Musso**
- Que serais-je sans toi ?

**Nothomb**
- Stupeur et Tremblements

**Orwell**
- La Ferme des animaux
- 1984

**Pagnol**
- La Gloire de mon père

**Pancol**
- Les Yeux jaunes des crocodiles

**Pascal**
- Pensées

**Pennac**
- Au bonheur des ogres

**Poe**
- La Chute de la maison Usher

**Proust**
- Du côté de chez Swann

**Queneau**
- Zazie dans le métro

**Quignard**
- Tous les matins du monde

**Rabelais**
- Gargantua

**Racine**
- Andromaque
- Britannicus
- Phèdre

**Rousseau**
- Confessions

**Rostand**
- Cyrano de Bergerac

**Rowling**
- Harry Potter à l'école des sorciers

**Saint-Exupéry**
- Le Petit Prince
- Vol de nuit

**Sartre**
- Huis clos
- La Nausée
- Les Mouches

**Schlink**
- Le Liseur

**SCHMITT**
- La Part de l'autre
- Oscar et la
  Dame rose

**SEPULVEDA**
- Le Vieux qui
  lisait des romans
  d'amour

**SHAKESPEARE**
- Roméo et Juliette

**SIMENON**
- Le Chien jaune

**STEEMAN**
- L'Assassin
  habite au 21

**STEINBECK**
- Des souris et
  des hommes

**STENDHAL**
- Le Rouge et
  le Noir

**STEVENSON**
- L'Île au trésor

**SÜSKIND**
- Le Parfum

**TOLSTOÏ**
- Anna Karénine

**TOURNIER**
- Vendredi ou
  la Vie sauvage

**TOUSSAINT**
- Fuir

**UHLMAN**
- L'Ami retrouvé

**VERNE**
- Le Tour
  du monde
  en 80 jours
- Vingt mille
  lieues sous
  les mers
- Voyage au
  centre de
  la terre

**VIAN**
- L'Écume des jours

**VOLTAIRE**
- Candide

**WELLS**
- La Guerre des
  mondes

**YOURCENAR**
- Mémoires
  d'Hadrien

**ZOLA**
- Au bonheur
  des dames
- L'Assommoir
- Germinal

**ZWEIG**
- Le Joueur
  d'échecs

www.lepetitlitteraire.fr

ISBN version numérique : 978-2-8062-1851-3
ISBN version papier : 978-2-8062-1340-2
Dépôt légal : D/2013/12603/398

Avec la collaboration de Pauline Coullet pour la présentation de l'auteur, les chapitres « Le contexte politique », « À l'origine de la pièce » et « Le théâtre de situations » ainsi que pour l'encart sur l'existentialisme.

Conception numérique : Primento,
le partenaire numérique des éditeurs.

Ce titre a été réalisé avec le soutien de la Fédération Wallonie-Bruxelles, Service général des Lettres et du Livre.